essentials

Essentials liefern aktuelles Wissen in konzentrierter Form. Die Essenz dessen, worauf es als „State-of-the-Art" in der gegenwärtigen Fachdiskussion oder in der Praxis ankommt. Essentials informieren schnell, unkompliziert und verständlich.

- als Einführung in ein aktuelles Thema aus Ihrem Fachgebiet
- als Einstieg in ein für Sie noch unbekanntes Themenfeld
- als Einblick, um zum Thema mitreden zu können.

Die Bücher in elektronischer und gedruckter Form bringen das Expertenwissen von Springer-Fachautoren kompakt zur Darstellung. Sie sind besonders für die Nutzung als eBook auf Tablet-PCs, eBook-Readern und Smartphones geeignet.

Essentials: Wissensbausteine aus Wirtschaft und Gesellschaft, Medizin, Psychologie und Gesundheitsberufen, Technik und Naturwissenschaften. Von renommierten Autoren der Verlagsmarken Springer Gabler, Springer VS, Springer Medizin, Springer Spektrum, Springer Vieweg und Springer Psychologie.

Marc Graner

Methodeneinsatz in der Produktentwicklung

Bessere Produkte, schnellere Entwicklung, höhere Gewinnmargen

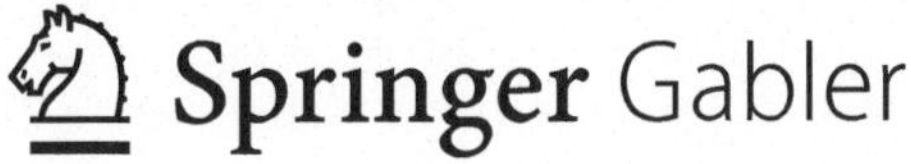

Dr. Marc Graner
Frankfurt am Main
Deutschland

ISSN 2197-6708 ISSN 2197-6716 (electronic)
essentials
ISBN 978-3-658-08581-0 ISBN 978-3-658-08582-7 (eBook)
DOI 10.1007/978-3-658-08582-7

Die Deutsche Nationalbibliothek verzeichnet diese Publikation in der Deutschen Nationalbibliografie; detaillierte bibliografische Daten sind im Internet über http://dnb.d-nb.de abrufbar.

Springer Gabler

Gedruckt auf säurefreiem und chlorfrei gebleichtem Papier

Springer Fachmedien Wiesbaden GmbH ist Teil der Fachverlagsgruppe Springer Science+Business Media (www.springer.com)

Vorwort

Dieses Essential basiert auf den Ergebnissen meiner Dissertation an der Fakultät für Maschinenbau, Elektrotechnik und Wirtschaftsingenieurwesen der Brandenburgischen Technischen Universität Cottbus. Diese wurde 2013 im Springer Gabler Verlag veröffentlicht:

Graner, M. (2013): „Der Einsatz von Methoden in Produktentwicklungsprojekten: Eine empirische Untersuchung der Rahmenbedingungen und Auswirkungen" (Schriften zum europäischen Management), Univ. Diss., Springer Gabler Verlag, Heidelberg.

Für die Veröffentlichung in der Reihe Essentials wurde der Text gekürzt und stellt die zentralen Ergebnisse der Untersuchung in komprimierter Form dar.

Frankfurt am Main, im Januar 2015 Marc Graner

Inhaltsverzeichnis

1 Einleitung

Because it is its purpose to create a new customer, any business enterprise has two – and only these two – basic functions: marketing and innovation. They are the entrepreneurial functions.
(Drucker 1955, S. 32)

Die erfolgreiche Entwicklung neuer Produkte gewinnt in vielen Branchen an Bedeutung, da der Umsatzanteil neuer Produkte kontinuierlich zunimmt. Gleichzeitig ist eine Verkürzung der durchschnittlichen Lebenszyklen vieler Produkte zu beobachten. Unternehmen sind daher mit der Herausforderung konfrontiert, in kürzeren Zeiträumen mehr neue Produkte zu entwickeln und in den Markt einzuführen.

Vor diesem Hintergrund wird der Methodeneinsatz als zentraler Erfolgsfaktor der Produktentwicklung untersucht. Basierend auf einer umfangreichen empirischen Untersuchung von insgesamt 410 Produktentwicklungsprojekten wird eine Reihe von Erkenntnissen zur Wirkung des Methodeneinsatzes abgeleitet. Diese werden in diesem Springer Essential in komprimierter Form für die Zielgruppe Fach- und Führungskräfte im Bereich Produktentwicklung und Innovationsmanagement dargestellt. Auf einen umfangreichen Literaturüberblick sowie die ausführliche Beschreibung der Empirie wurde hier bewusst verzichtet. Interessierte Leser seien hierzu auf Graner (2013) und die dort vorgestellten Arbeiten verwiesen.

Der Aufbau des Essentials gestaltet sich folgendermaßen: In Kap. 2 wird gezeigt, dass und wie der systematische Einsatz von Methoden in der Produktentwicklung sich auf den Erfolg des entwickelten Produktes auswirkt. Außerdem wird erläutert, **welche Methoden** häufig verwendet werden und welche besonders effektiv sind. Damit ist ein Benchmarking des eigenen Methodeneinsatzes möglich. Darüber hinaus werden für jede einzelne Methode die Unterschiede in der Methodennutzung besonders erfolgreicher Produktentwicklungsprojekte im Vergleich

M. Graner, *Methodeneinsatz in der Produktentwicklung,* essentials,
DOI 10.1007/978-3-658-08582-7_1

zu nicht erfolgreichen Produkten ermittelt. Dies erlaubt nicht nur einen Vergleich mit dem Durchschnitt, sondern auch mit den jeweils besten Unternehmen beziehungsweise Entwicklungsprojekten. Teilweise besteht in Unternehmen eine hohe Unsicherheit bezüglich des „richtigen" Zeitpunkts. Deshalb werden zusätzlich die Ergebnisse zum **Zeitpunkt des Methodeneinsatzes** – differenziert nach Projektphasen – erläutert. Außerdem wird gezeigt, welche **Kombination von Methoden** besonders erfolgversprechend ist.

Ergänzend werden in Kap. 3 zentrale Einflussfaktoren für einen erfolgreichen Einsatz von Methoden in Entwicklungsprojekten vorgestellt. Unternehmen, die stärker methodisch vorgehen möchten, können damit bewusst die **richtigen Rahmenbedingungen** für einen erfolgreichen Methodeneinsatz setzen.

Diese Erkenntnisse sollen dazu beitragen, die teilweise geringe Erfolgsquote neuer Produkte aktiv zu steigern.

Methodische Produktentwicklung: Bessere Produkte, schnellere Entwicklung, höhere Gewinnmargen

2

2.1 Warum Methoden einsetzen?

Die Entwicklung eines neuen Produkts ist oftmals ein komplexer Prozess, in den mehrere Unternehmensfunktionen eingebunden sind. Zudem ist für eine erfolgreiche Produktentwicklung ein umfangreiches spezifisches Wissen erforderlich (beispielsweise über die Kundenwünsche, über optimale und kostengünstige Entwicklung, Produktion und Logistik sowie das frühzeitige Wissen um mögliche Fehlerquellen und Qualitätsprobleme). Der Einsatz von Methoden kann dazu beitragen, die Produktentwicklung effizienter zu gestalten und ein erfolgreicheres Produkt zu entwickeln. Dabei kann zwischen der direkten Auswirkung des Methodeneinsatzes auf den Erfolg des entwickelten Produkts und der indirekten Wirkung (unter anderem über eine verkürzte Dauer der Produktentwicklung) unterschieden werden.

2.1.1 Direkte Wirkung des Methodeneinsatzes auf den Produkterfolg

Werden die richtigen Methoden zum richtigen Zeitpunkt eingesetzt und aufeinander abgestimmt, dann wirkt sich dies direkt auf den Erfolg des Produkts aus. So werden beispielsweise von führenden Unternehmen gezielt Marktforschungsmethoden (wie die Conjoint-Analyse) genutzt, um bessere Kenntnis über die Wünsche und die Zahlungsbereitschaft der Kunden zu erlangen. Mit diesem Wissen kann das Unternehmen neue Produkt besser als der Wettbewerber auf die Kundenbedürfnisse ausrichten und durch sinnvolle Zusatzfunktionen einen höheren Preis

M. Graner, *Methodeneinsatz in der Produktentwicklung*, essentials,
DOI 10.1007/978-3-658-08582-7_2

erzielen. Darüber hinaus können damit Produktalternativen bereits vor Markteinführung getestet werden. Durch Qualitätsmanagement-Methoden (z. B. FMEA) können frühzeitig mögliche Fehler des Produkts identifiziert und behoben werden, bevor Qualitätsmängel bei Kunden auftreten. Einkaufsmethoden tragen dazu bei, dass beispielsweise Material und Zukaufteile besser eingekauft werden.

All dies führt dazu, dass diejenigen Unternehmen, die systematisch Methoden in der Produktentwicklung einsetzen, einen höheren Umsatz und/oder geringere Produktkosten erzielen und damit im Durchschnitt eine höhere Produktmarge realisieren (direkte Wirkung).

2.1.2 Indirekte Wirkung des Methodeneinsatzes auf den Produkterfolg

Neben der direkten Auswirkung auf die Produktmarge existiert eine Reihe von indirekten Einflüssen des Methodeneinsatzes auf den Produkterfolg. So zeigen gleich mehrere wissenschaftliche Untersuchungen, dass ein **methodisches Vorgehen** eine **schnelle Produktentwicklung**, eine **bessere Zusammenarbeit** der beteiligten Unternehmensfunktionen sowie die Entwicklung von **innovativeren Produkten** begünstigt und damit den **Erfolg des Produkts** zusätzlich indirekt beeinflusst.

- Wirkung über die Geschwindigkeit des Entwicklungsprojekts

Zur Wirkung des Methodeneinsatzes auf die Geschwindigkeit der Produktentwicklung gibt es in der wissenschaftlichen Literatur unterschiedliche Angaben. Einige Arbeiten postulieren, dass die Anwendung bestimmter Methoden zusätzliche Zeit koste und das Entwicklungsprojekt dadurch verlangsame. Auch im Gespräch mit Produktentwicklern wird dieses Argument immer wieder genannt. Dem steht jedoch entgegen, dass ein methodisches Vorgehen oftmals dazu beiträgt, die Aufgaben im Entwicklungsprojekt strukturiert abzuarbeiten, Doppelarbeit zu reduzieren und den Projektmitarbeitern dadurch insgesamt Zeit zu ersparen. Die empirische Untersuchung von 410 Produktentwicklungsprojekten bestätigt dies eindeutig: Die Entwicklungsprojekte, in denen **mehr Methoden** eingesetzt werden, dauern nicht etwa länger, sondern sind oft **deutlich schneller**.

Eine schnelle Produktentwicklung und Markteinführung wird in vielen Untersuchungen als ein wesentlicher Erfolgsfaktor bestätigt. Kürzere Entwicklungsprojekte binden oft weniger Ressourcen (sowohl Personal als auch Kapital). Zudem besteht bei einer schnelleren Produktentwicklung ein zeitlicher Vorteil gegenüber der Markteinführung von Wettbewerbsprodukten. Dadurch kann oftmals ein höherer Marktanteil erzielt werden. Zusätzlich kann durch die frühe Markteinführung die Produktlebensdauer (im Sinne der Anzahl von Jahren, die das Produkt verkauft wird) verlängert werden. Beides führt zu höheren Umsätzen, und die Entwicklungskosten können auf eine größere Anzahl von Produkten umgelegt werden. Somit führt eine **kurze Entwicklungsdauer häufig zu erfolgreicheren Produkten.**

- Wirkung über die funktionsübergreifende Zusammenarbeit im Entwicklungsprojekt

Die enge Zusammenarbeit von Mitarbeitern aus verschiedenen Unternehmensfunktionen (beispielsweise Forschung und Entwicklung, Produktion, Marketing, Einkauf, Logistik) ist für den Erfolg einer Produktentwicklung von besonderer Bedeutung. Dabei müssen die Mitarbeiter jeder Unternehmensfunktion nicht nur isoliert ihre entsprechenden Aufgaben im Projekt erfüllen (die Definition des Zielmarktes und der Kundenanforderung durch das Marketing, die Entwicklung von technischen Lösungen durch den Bereich Forschung und Entwicklung, die Sicherstellung der Herstellbarkeit durch die Produktion usw.), sondern sich auch mit den anderen Unternehmensfunktionen abstimmen und relevante Informationen austauschen. Je besser dies funktioniert, desto erfolgreicher ist das Entwicklungsprojekt.

Gerade der Einsatz von Methoden erfordert oftmals eine Vielzahl von Informationen aus verschiedenen Unternehmensfunktionen (so werden für die Anwendung von Marktforschungsmethoden wie Produkttests oder Conjoint-Analysen technische Spezifikationen, Designs oder Produktmuster benötigt). Zudem fließen die Ergebnisse einer Methodenanwendung (beispielsweise Marktforschungserkenntnisse) oft in weitere Methoden ein (beispielsweise technische Methoden). Somit führt ein **intensiver Methodeneinsatz** auch zu einer **intensiveren Abstimmung der beteiligten Personen** im Projekt.

Sowohl der positive Effekt des Methodeneinsatzes auf die funktionsübergreifende Zusammenarbeit im Entwicklungsprojekt als auch der Einfluss der funktionsübergreifenden Zusammenarbeit auf den Erfolg des Produkts können anhand der Untersuchung statistisch eindeutig belegt werden.

- Wirkung über den Innovationsgrad des Produkts

Die Relevanz und der Einfluss des Innovationsgrads auf den Erfolg eines neu entwickelten Produkts wird ebenfalls von einer Reihe wissenschaftlicher Arbeiten bestätigt. Allerdings liegen unterschiedliche Ergebnisse zur Wirkungsrichtung des Innovationsgrads vor. So wurden in verschiedenen Untersuchungen positive, negative sowie U-förmige Zusammenhänge identifiziert.

Einerseits sind innovativere Produkte, die Kundenbedürfnisse besser befriedigen als existierende Produkte, attraktiv für Kunden und haben daher oftmals ein entsprechendes Marktpotenzial. Zudem wird einem Innovationspionier oft eine hohe Aufmerksamkeit zuteil. Andererseits sind Produkte, die zu innovativ sind, oftmals ihrer Zeit voraus. Typische Beispiele aus dem Automobilbereich sind der „3-Liter-Lupo“ der Firma Volkswagen oder der Audi A2. Beide zeichneten sich durch einen besonders geringen Kraftstoffverbrauch aus. Mangels Nachfrage wurde die Produktion beider Modelle jedoch eingestellt, Jahre bevor der Trend zu besonders kraftstoffsparenden Modellen einsetzte. Zudem kämpft ein Pionier oftmals mit den „Kinderkrankheiten“ des Produkts und übernimmt einen Großteil der Entwicklungsleistung. Nachzügler (sog. Follower) können aus den Fehlern der Pioniere lernen und bewährte Produkte zu besseren Preisen (bzw. Kosten) entwickeln. Die Mehrzahl der Forschungsarbeiten kommt deshalb zu dem Schluss, dass sich der **Innovationsgrad eher negativ auf den finanziellen Erfolg des Produkts auswirkt**.

Der Einsatz von Methoden kann den Innovationsgrad des Produkts wesentlich mit beeinflussen. So können Marktforschungsmethoden dazu beitragen, die Bedürfnisse und Anwendungsbereiche des Endkunden besser zu verstehen. Dieses Wissen erlaubt Unternehmen, innovativere Produkte mit neuen und besseren Eigenschaften zu entwickeln. Zudem trägt der Einsatz von Forschungs- und Entwicklungsmethoden dazu bei, dass auch aus technologischer Sicht neue Lösungsalternativen entwickelt werden.

Die vorliegende Untersuchung bestätigt beide Zusammenhänge: Der Einsatz von Methoden führt zu innovativeren Produkten, ein zu hoher Innovationsgrad wirkt sich jedoch negativ auf den Erfolg eines neu entwickelten Produkts aus. An dieser Stelle sei jedoch darauf hingewiesen, dass die indirekten Effekte des Methodeneinsatzes keinesfalls einen Automatismus darstellen. Der Einsatz von Methoden in der Produktentwicklung führt nicht zwangsläufig zu innovativeren Produkten. Der Innovationsgrad kann bewusst während der Produktentwicklung gesteuert werden. Unternehmen sollten deshalb den Innovationsgrad als Zielvariable berücksichtigen und einen **eher mittleren Innovationsgrad** wählen, da für diese Produkte der finanzielle Erfolg statistisch betrachtet am höchsten ist.

Außerdem ist zu berücksichtigen, dass es sich beim gewählten Untersuchungsansatz um eine Mittelwertbetrachtung von 410 Projekten handelt. Einzelne, hoch innovative Produkte können durchaus sehr erfolgreich sein. Über alle untersuchten

Entwicklungsprojekte hinweg zeigt sich jedoch, dass zu innovative Produkte im Durchschnitt weniger erfolgreich sind. Interessierte Leser verweise ich auf Graner (2013). Hier werden der Zusammenhang zwischen Innovationsgrad und Erfolg detaillierter darstellt sowie weitergehende wissenschaftliche Studien zitiert.

2.1.3 Vergleich direkter und indirekter Effekte

Zusammenfassend kann ein direkter, positiver Effekt des Methodeneinsatzes auf den finanziellen Erfolg des Produkts belegt werden. Zusätzlich bestehen auch eine indirekte Wirkung über die Geschwindigkeit des Entwicklungsprojekts, eine bessere funktionsübergreifende Zusammenarbeit und einen höheren Innovationsgrad des Produkts. Abbildung 2.1 stellt die Zusammenhänge noch einmal dar.

Vergleicht man direkten und den indirekten Effekt des Methodeneinsatzes auf den Erfolg, so zeigt die Untersuchung dass beide etwa eine ähnliche Stärke haben (~55 % des Gesamteffekts über den direkten Zusammenhang, ~45 % über die drei indirekten Wirkzusammenhänge).

Die Wirkung des Methodeneinsatzes über den Innovationsgrad ist, wie bereits beschrieben, negativ. Diese gegenläufige Wirkrichtung des „Innovationsgrads" (d. h. positiver direkter Effekt und negativer indirekter Effekt) wird durch den Effekt einer schnelleren Produktentwicklung und besseren Zusammenarbeit jedoch überkompensiert.

Somit belegt die empirische Untersuchung, dass sich der Einsatz von Methoden in der Produktentwicklung eindeutig positiv auf den Erfolg des Entwicklungsprojekts auswirkt.

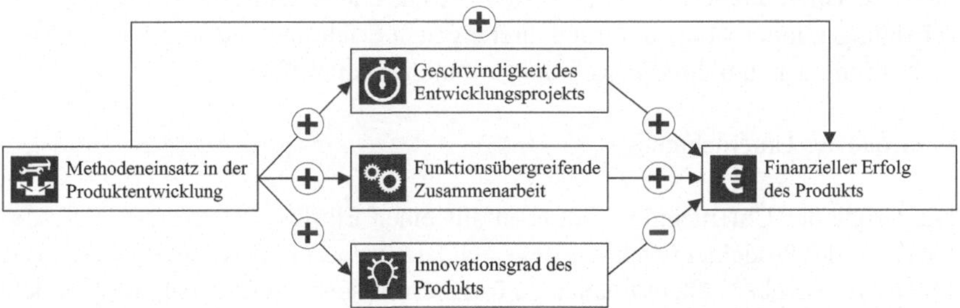

Abb. 2.1 Direkte und indirekte Wirkung des Methodeneinsatzes in der Produktentwicklung (+/− stellt die Richtung des Effekts dar :+ = positive Auswirkung, − = negative Auswirkung)

2.1.4 Zusätzliche Einflussfaktoren

In der Untersuchung der 410 Produktentwicklungsprojekte wurde eine Reihe von externen Kontrollvariablen ausgewertet, um den spezifischen Effekt des Methodeneinsatzes zu ermitteln. Diese haben ebenfalls eine Auswirkung auf den finanziellen Erfolg des Produkts. Sie können von den Produktentwicklungsteams nicht oder nur bedingt beeinflusst werden, sind jedoch oftmals trotzdem von Interesse. Die Wirkung der untersuchten Kontrollvariablen wird deshalb im Folgenden kurz erläutert:

- Technologiedynamik

Technologiedynamik beschreibt, wie schnell sich Technologien im relevanten Zielmarkt ändern und wie gut der Markt hinsichtlich der zukünftig führenden Technologie prognostizierbar ist. Märkte mit einer hohen Technologiedynamik weisen eine hohe Frequenz von Technologiewechseln und eine Vielzahl möglicher Technologien auf. Dies führt zu einer hohen Unsicherheit bezüglich der richtigen und zukünftig führenden Technologie. Unternehmen, die Produkte für Märkte mit einer hohen Technologiedynamik entwickeln, setzen tendenziell mehr Methoden ein. Der Methodeneinsatz kann hier dazu beitragen, Unsicherheit bezüglich der richtigen Technologie und insbesondere der technologischen Kundenwünsche zu reduzieren.

- Erfahrung des Projektleiters

Die Erfahrung des Projektleiters wirkt sich ebenfalls auf den Einsatz von Methoden aus. Unerfahrene Projektleiter sind oft unsicherer und treffen weniger Entscheidungen intuitiv oder aufgrund ihrer eigenen Erfahrung. Sie nutzen tendenziell mehr Methoden, um ihre Entscheidungen fundiert zu treffen.

- Größe des Unternehmens

Die Größe des Unternehmens hat ebenfalls einen Einfluss darauf, wie viele Methoden in der Produktentwicklung angewendet werden. Größere Unternehmen verfügen oftmals über höhere finanzielle Ressourcen sowie über besser ausgebildete Arbeitnehmer und nutzen innovative Methoden teilweise früher. Zudem ist in großen Organisationen die Komplexität beziehungsweise der Abstimmungsbedarf oft größer. Hier können Methoden dazu beitragen, Komplexität zu reduzieren.

Kleinere, innovative Unternehmen sind jedoch häufig flexibler und können direkter und schneller auf den Markt und die Kundenbedürfnisse reagieren, was sich auf den Erfolg des Produkts positiv auswirkt. Es zeigt sich, dass größere Unternehmen zwar mehr Methoden einsetzen, im Durchschnitt der betrachteten 410 Produktentwicklungen jedoch etwas weniger erfolgreich waren als kleinere Unternehmen. Dies kann durch die typischerweise höhere Flexibilität und Marktnähe kleinerer Unternehmen erklärt werden.

- Marktdynamik

Marktdynamik, eine häufig verwendete Kontrollvariable in Innovationsuntersuchungen, beschreibt das externe Marktumfeld, indem sich das entsprechende Unternehmen mit dem neu entwickelten Produkt bewegt. Hier spielen die Änderungen von Kundenwünschen im Zeitablauf oder die Konkurrenzsituation eine Rolle. In dynamischen Märkten ändert sich das Marktumfeld häufig und schnell. Interessanterweise zeigt sich, dass eine hohe Marktdynamik dazu führt, dass die entwickelten Produkte im Durchschnitt etwas erfolgreicher sind, möglicherweise weil dies Unternehmen dazu anregt, „bessere" Produkte zu entwickeln.

- Qualität der Markteinführung

Neben der eigentlichen Produktentwicklung ist die Qualität der Markteinführung ein weiterer, oftmals zitierter Einflussfaktor auf den Erfolg eines Produkts. Gerade wenn ein Produkt in mehreren Ländermärkten mit unterschiedlichen Preisniveaus eingeführt wird, kann die richtige preisliche Positionierung am jeweiligen Markt entscheidend für die Anzahl verkaufter Produkte sein. Daneben hat die Qualität der produktbezogenen Kommunikationspolitik (Werbung, Messeauftritte, Pressearbeit usw.) einen Einfluss. Neben diesen beiden Aspekten der Markteinführung kommt auch der Vertriebspolitik eine wichtige Rolle zu: Der Kunde muss das Produkt auch kaufen können. Das Produkt muss zur richtigen Zeit, in der richtigen Menge und am richtigen Ort verfügbar sein. Damit ist die „richtige" Markteinführung neben der eigentlichen Produktentwicklung ein wesentlicher Stellhebel für erfolgreiche Produkte.

- Wettbewerbsreaktion

Selbst wenn das neu entwickelte Produkt den Kundenanforderungen voll gerecht wird, hat eine direkte Reaktion der Wettbewerber auf das neu eingeführte Produkt einen Einfluss auf den Produkterfolg. In Märkten mit einer hohen Wettbewerbsintensität besteht häufig ein intensiver Preiswettkampf und Wettbewerber reagieren unmittelbar auf neue Produkte (z. B. mit verstärkter Werbung oder Sonderangeboten). Interessanterweise wurde jedoch ein positiver Zusammenhang zwischen der Wettbewerbsreaktion und dem Erfolg ermittelt. Gerade auf erfolgreiche neue Produkte reagieren die Wettbewerber besonders stark. Insofern ist eine starke Wettbewerbsreaktion (z. B. indem Preise gesenkt werden) nicht nur negativ zu bewerten, sondern eher ein Zeichen dafür, dass das entwickelte Produkt besonders erfolgversprechend ist.

- Anzahl produzierter Einheiten

Beobachtbar ist auch ein Zusammenhang zwischen der Anzahl produzierter Einheiten und dem Erfolg des Produkts. Je höher die Stückzahl ist, desto geringer sind die produktbezogenen Fixkosten (beispielsweise Werkzeugkosten). Massenprodukte sind im Durchschnitt finanziell erfolgreicher als Einzelanfertigungen oder sehr kleine Seriengrößen.

2.2 Die richtigen Methoden einsetzen

2.2.1 Der Einsatz einzelner Methoden in der Produktentwicklung im Detail

Nachdem der Methodeneinsatz bisher aggregiert betrachtet wurde, wird nun dargestellt, wie viele und welche spezifischen Einzelmethoden von den befragten Unternehmen in der Produktentwicklung angewendet werden. Ein Methodenglossar mit der Erläuterung der einzelnen Methoden findet sich in Kapitel 4 in Tabelle 4.1–4.6.

- Anzahl eingesetzter Methoden je Methodenkategorie

In den untersuchten 410 Produktentwicklungsprojekten wurden **durchschnittlich jeweils 17 unterschiedliche Methoden** angewendet. Diese lassen sich je nach Schwerpunkt der Methode bzw. deren primärem Aufgabenbereich in folgende Kategorien unterteilen:

- **Methoden der Kundenintegration (bzw. Marktforschung):** Hierunter fallen diejenigen Methoden, deren Ziel es ist, die Bedürfnisse und gegebenenfalls die Zahlungsbereitschaft von potenziellen Kunden und Produktnutzern zu ermitteln und verschiedene Produktalternativen zu testen. Beispiele sind die Methoden „Conjoint-Analyse", „Produkttest" bzw. „Designtest" oder „Preistest/ Sensitivitätsanalyse".

- **Methoden des Bereichs Forschung und Entwicklung:** Dazu zählen Methoden, deren primäres Ziel es ist, die optimale technische Lösung zu finden und die Produktentwicklung und die spätere Herstellung des Produkts möglichst kostengünstig zu gestalten. Beispiele sind „Design for Manufacturing/Assembly (DFM/ DFA)", „Rapid Prototyping" oder „Quality Function Deployment (QFD)".
- **Methoden mit dem Schwerpunkt Qualität und Logistik:** Methoden mit diesem Schwerpunkt dienen dazu, die benötigte Qualität des Produkts sicherzustellen und mögliche Fehlerquellen frühzeitig zu identifizieren und zu vermeiden (Schwerpunkt Qualität), beziehungsweise bereits in der Produktentwicklungsphase die späteren Logistikanforderungen zu berücksichtigen und möglichst geringe Logistikkosten zu ermöglichen (Schwerpunkt Logistik). Beispiele sind „Design for Six Sigma" oder „Fehlermöglichkeits- und Einflussanalyse" (FMEA).
- **Methoden mit dem Schwerpunkt Einkauf:** Ein Großteil der späteren Produktkosten wird bereits in der Produktentwicklung festgelegt. Der Einsatz von Einkaufsmethoden in der Produktentwicklung hat deshalb das Ziel, frühzeitig die in der späteren Produktion anfallenden Material- und sonstigen Einkaufskosten zu minimieren. Beispiele sind „Total Cost of Ownership (TCO)" oder „Low-Cost/Best-Cost Country Sourcing".
- **Projektmanagement-Methoden:** Produktentwicklung ist eine komplexe Aufgabe mit einer Vielzahl von beteiligten Unternehmensfunktionen und Aufgaben. Ziel des Projektmanagements ist die optimale, zeit- und ressourceneffiziente Steuerung und Kontrolle des Projekts. Unterstützende Methoden dafür sind beispielsweise „Meilensteinplanung" (z. B. „Stage-Gate-Methode") bzw. „Netzplantechnik" oder „Wirtschaftlichkeitsanalysen" („Break-even-Analyse", „Total Cost of Ownership" usw.).
- **Übergreifende Methoden:** Eine zusätzliche Kategorie stellen Methoden dar, die von mehreren Unternehmensbereichen für unterschiedliche Aufgaben eingesetzt werden können. So kann „Benchmarking" für technische Fragestellungen ebenso wie zum strukturierten Vergleich von verschiedenen Lieferanten verwendet werden. Weitere Beispiele sind „Kreativitätstechniken" (z. B. „Brainstorming", „Brainwriting", „morphologischer Kasten", „Mind-mapping", „Synetics") oder „SWOT-Analyse".

Abbildung 2.2 zeigt zunächst die durchschnittliche Anzahl eingesetzter Methoden (basierend auf 410 untersuchten Produktentwicklungsprojekten), aufgeteilt auf die jeweiligen Methodenkategorien.

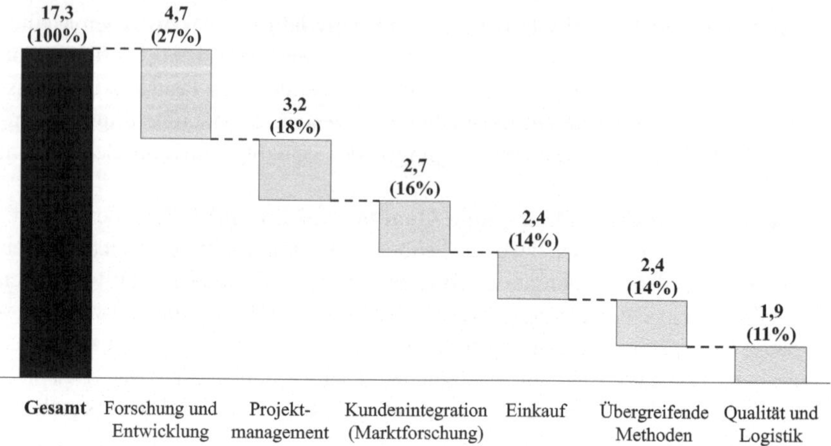

Abb. 2.2 Durchschnittliche Anzahl eingesetzter Methoden je Projekt

Meistgenutzt sind Forschungs- und Entwicklungsmethoden mit durchschnittlich 4,7 Methoden je Projekt, gefolgt von Projektmanagementmethoden (3,2 Methoden). Das Schlusslicht bilden Methoden des Bereichs Qualität und Logistik. Hier wurden in den untersuchten 410 Produktentwicklungsprojekten durchschnittlich 1,9 Methoden je Projekt angewendet.

- Branchenunterschiede in der Methodennutzung

Da die Studie mehrere Branchen abdeckt, kann der Methodeneinsatz in der Produktentwicklung in Abb. 2.3 und 2.4 differenziert nach Branchen dargestellt werden. Der schwarz markierte Balken zeigt die durchschnittliche Anzahl eingesetzter Methoden insgesamt, grau markiert sind überdurchschnittliche Werte je Kategorie.

	Kundenintegration (Marktforschung)	Forschung und Entwicklung	Qualität und Logistik
Durchschnitt über alle Branchen	2,7	4,7	1,9
Automobilbau/Fahrzeugtechnik	2,8	5,3	2,2
Elektro-, Mess-, Steuer-, Regelungstechnik, Optik	2,8	4,8	1,9
Anlagenbau	2,8	4,5	1,6
Maschinenbau und Metallverarbeitung	2,5	4,5	1,7
Sonstige (Baustoffe, Luftfahrt ...)	2,7	4,1	1,7

Abb. 2.3 Durchschnittliche Anzahl von Methoden je Branche und Kategorie (1/2)

	Einkauf	Projektmanagement	Übergreifende Methoden
Durchschnitt über alle Branchen	2,4	3,2	2,4
Automobilbau/Fahrzeugtechnik	2,7	3,5	2,6
Elektro-, Mess-, Steuer-, Regelungstechnik, Optik	2,5	3,4	2,3
Anlagenbau	2,6	3,1	2,5
Maschinenbau und Metallverarbeitung	2,2	2,9	2,3
Sonstige (Baustoffe, Luftfahrt ...)	2,4	3,2	2,4

Abb. 2.4 Durchschnittliche Anzahl von Methoden je Branche und Kategorie (2/2)

Besonders viele Methoden werden unter anderem im Automobilbau, im Anlagenbau und in der elektrotechnischen Industrie eingesetzt.

Im Maschinenbau und in metallverarbeitenden Unternehmen werden in der Produktentwicklung eher unterdurchschnittlich viele Methoden angewendet. So werden im Automobilbau im Durchschnitt 2,7 Einkaufsmethoden in der Produktentwicklung eingesetzt, im Maschinenbau jedoch nur 2,2 Methoden (vgl. Abb. 2.4).

Dennoch sind die Branchenunterschiede in der Methodennutzung insgesamt betrachtet eher gering. Die Ergebnisse sind somit übergreifend für die untersuchten Industrien gültig.

- Besonders häufig und intensiv genutzte Methoden

Welche Methoden kommen nun im Rahmen der Produktentwicklung besonders häufig zum Einsatz? Abb. 2.5 und 2.7 stellt diese dar. Die Prozentwerte geben den Anteil der untersuchten Entwicklungsprojekte an, bei denen die jeweilige Methode zum Einsatz kam (z. B. bei 85 % der untersuchten 410 Produktentwicklungsprojekte).

Besonders häufig genutzt werden die **Marktforschungsmethoden** „Kundenbeobachtung“ bzw. „Kundeninterviews“ und „Produkt- bzw. Designtest“. Mehr als 80 % der untersuchten Entwicklungsprojekte geben an, diese im Laufe der Produktentwicklung angewendet zu haben.

Zusätzlich zur Frage, ob die jeweilige Methode im Projekt zum Einsatz kam, wurde außerdem erfragt, wie gründlich beziehungsweise wie intensiv die Methode angewendet wurde (Skala von 1 = sehr geringe Intensität bis 5 = sehr hohe Intensität/Methode sehr gründlich angewendet). Abbildung 2.6 zeigt, dass die Methoden „Kundenbeobachtung“ und „Produkttest“ gleichzeitig auch die am gründlichsten angewendeten Methoden der Kundenintegration sind. Das verdeutlicht, dass die Einbeziehung der Kunden in die Produktentwicklung als wichtiger Erfolgsfaktor betrachtet wird und mittlerweile fester Bestandteil der Produktentwicklung ist.

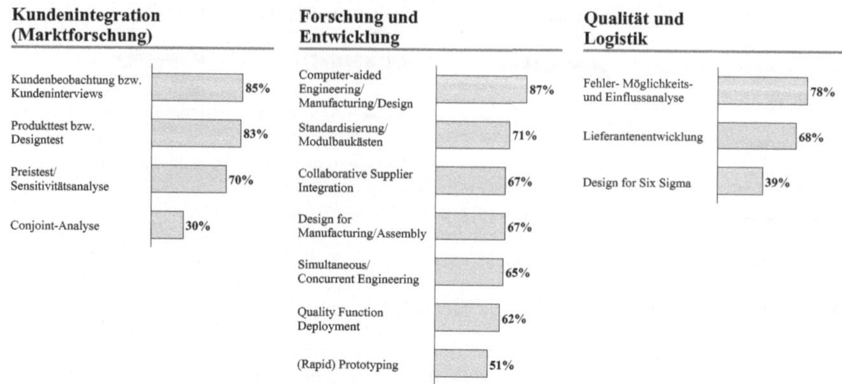

Abb. 2.5 Häufig genutzte Methoden je Kategorie (1/2)

Abb. 2.6 Intensiv genutzte Methoden je Kategorie (1/2)

Aus dem Bereich **Forschung und Entwicklung** werden „Computer-aided Engineering/Manufacturing/Design“ (knapp 90 % Nutzungsgrad), „Standardisierung/ Nutzung von Modulbaukästen“, „Collaborative Supplier Integration“, „Design for Manufacturing/Assembly“, „Simultaneous/Concurrent Engineering“ und „Quality Function Deployment“ sehr oft eingesetzt (jeweils über 60 % Nutzungsgrad, vgl. Abb. 2.5). „Collaborative Supplier Integration“ ist gleichzeitig diejenige Methode, die besonders gründlich angewendet wird (vgl. Abb. 2.6). Neben der Kundeneinbindung ist die Einbeziehung der Lieferanten in die Produktentwicklung somit besonders wichtig.

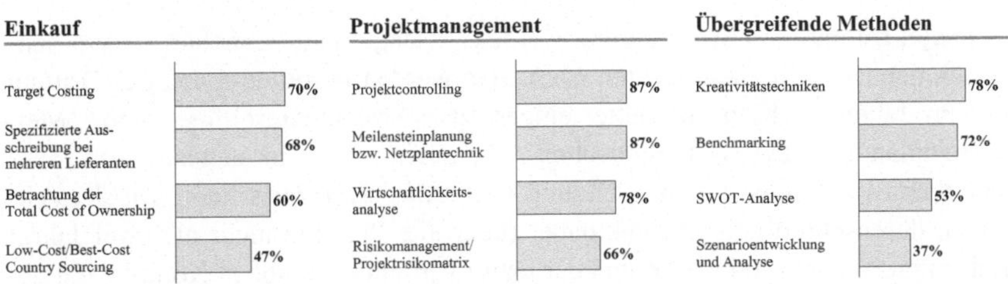

Abb. 2.7 Häufig genutzte Methoden je Kategorie (2/2)

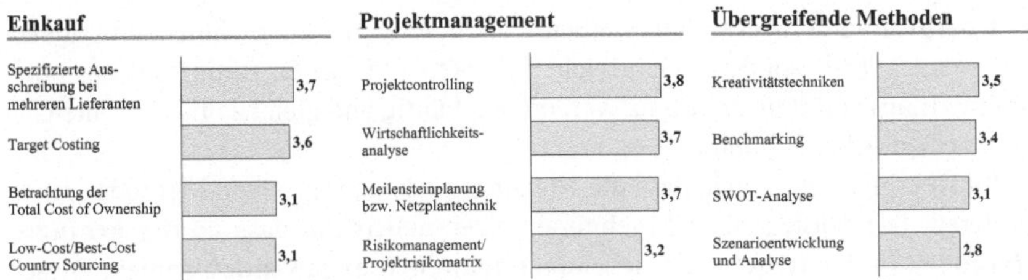

Abb. 2.8 Intensiv genutzte Methoden je Kategorie (2/2)

Im Bereich **Qualität und Logistik** werden die Methoden „Fehlermöglichkeits- und Einflussanalyse (FMEA)“ und „Lieferantenentwicklung“ besonders häufig angewendet. „Design for Six Sigma (DFSS)“ ist hingegen die am seltensten eingesetzte Methode (vgl. Abb. 2.5). Gleichzeitig ist DFSS jedoch diejenige Methode, die – wenn sie eingesetzt wird – dann auch überdurchschnittlich intensiv betrieben wird (vgl. Abb. 2.6). Möglicherweise ist die hohe Intensität und der damit verbundene Aufwand eine Hürde für den Einsatz der Methode „Design for Six Sigma (DFSS)“.

Die untersuchten **Einkaufs-, Projektmanagement-** und **übergreifenden Methoden** sind in den Abb. 2.7 (Nutzungshäufigkeit) und 2.8 (Intensität) dargestellt.

Die am häufigsten angewendete **Einkaufsmethode** ist „Target Costing“, gefolgt von der Methode „spezifizierte Ausschreibungen bei mehreren Lieferanten“ (vgl. Abb. 2.7). Dies sind zugleich die am gründlichsten genutzten Einkaufsmethoden (vgl. Abb. 2.8).

Projektmanagementmethoden werden – insgesamt betrachtet – am häufigsten genutzt. Alle untersuchten Methoden werden in mindestens zwei Dritteln der Produktentwicklungsprojekte eingesetzt. „Projektcontrolling" und „Meilensteinplanung bzw. Netzplantechnik" kommen sogar in nahezu 90 % aller Produktentwicklungen zur Anwendung (vgl. Abb. 2.7). Dies kann mit der sehr langen durchschnittlichen Projektdauer (über alle Projekte mehr als zwei Jahre) in den untersuchten Industrien und der damit verbundenen hohen Komplexität der Projekte erklärt werden. Gleichzeitig werden sämtliche Projektmanagementmethoden auch sehr intensiv genutzt. Dies unterstreicht die Relevanz und den hohen Bedarf an methodischer Unterstützung beim Management komplexer Produktentwicklungsprojekte

Übergreifende Methoden werden von mehreren Unternehmensfunktionen angewendet. Insbesondere Kreativitätstechniken (wie z. B. Brainstorming oder Brainwriting) und Benchmarking werden sehr häufig und gleichzeitig sehr intensiv genutzt (vgl. Abb. 2.7 und 2.8).

Im Überblick zeigt sich, dass die Nutzungsgrade der einzelnen Methoden stark variieren. Die vorliegenden Ergebnisse zeigen außerdem, dass **häufig genutzte Methoden in der Regel auch besonders gründlich angewendet** werden. Dieser Zusammenhang kann auch statistisch eindeutig belegt werden: Häufigkeit und Intensität der Methodenanwendung korrelieren sehr stark. Eine mögliche Erklärung dafür ist, dass bei häufig eingesetzten Methoden die nötigen Kenntnisse und Erfahrungen vorhanden sind, um die Methode gründlich anzuwenden.

2.2.2 Auswirkungen einzelner Methoden und Methodenkombinationen

Nachdem im vorherigen Abschnitt der Methodeneinsatz primär beschrieben wurde, wird im Folgenden gezeigt, welche Methoden besonders erfolgversprechend sind.

- Korrelation des Methodeneinsatzes mit dem Erfolg des Produkts

Um zu untersuchen, für welche Methoden der **Zusammenhang zwischen Methodeneinsatz und Erfolg** besonders stark ist, wurde für jede Methode deren **statistische Korrelation** mit dem Produkterfolg ermittelt. Zunächst wurde der Zusammenhang zwischen der **Anzahl angewendeter Methoden** je Methodenkategorie

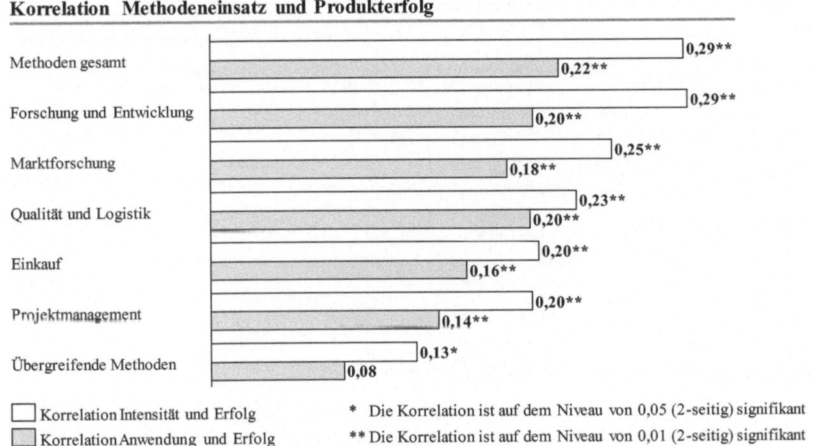

Abb. 2.9 Korrelation Methodeneinsatz und Erfolg (insgesamt und je Kategorie)

und dem **finanziellen Erfolg des Produkts** ermittelt. Abbildung 2.9 stellt die jeweiligen Korrelationskoeffizienten dar (grau unterlegter Balken). Statistisch signifikante Werte sind mit einem Stern (*Irrtumswahrscheinlichkeit kleiner 5 %) bzw. mit zwei Sternen (**Irrtumswahrscheinlichkeit kleiner 1 %) gekennzeichnet.

Der Großteil der dargestellten Korrelationskoeffizienten ist signifikant, die Mehrheit sogar auf dem strengen 1 %-Fehler-Niveau. Das bedeutet, dass der bereits im vorherigen Kapitel dargestellte übergreifende **Zusammenhang zwischen dem Einsatz von Methoden und dem Erfolg des Produkts** auch **auf der Ebene einzelner Methoden** anhand des Korrelationskoeffizienten statistisch **nachgewiesen** werden kann.[1] Allerdings wird auch deutlich, dass kein vollständig linearer Zusammenhang im Sinne einer Eins-zu-eins-Wirkkette besteht. Der Einsatz von Methoden alleine kann den Erfolg nicht komplett erklären. Im Hinblick auf die Vielzahl von Einflussfaktoren (sowohl unternehmensinternen wie auch externen Markt- und Wettbewerbsfaktoren) auf den Erfolg eines Produkts bildet die ermittelte Höhe der Korrelationskoeffizienten die Realität sehr gut ab.

[1] An dieser Stelle ist darauf hinzuweisen, dass anhand von Korrelationskoeffizienten nicht notwendigerweise kausale Aussagen zur Wirkung gemacht werden können, da diese lediglich eine Aussage über die Stärke des Zusammenhangs erlauben. Aufgrund der zeitlichen Abfolge (zunächst werden Methoden angewendet – um beispielsweise die Kundenbedürfnisse besser zu verstehen und mit dem Produkt abdecken zu können –, dann erst tritt der Erfolg auf) können die Effekte jedoch so interpretiert werden.

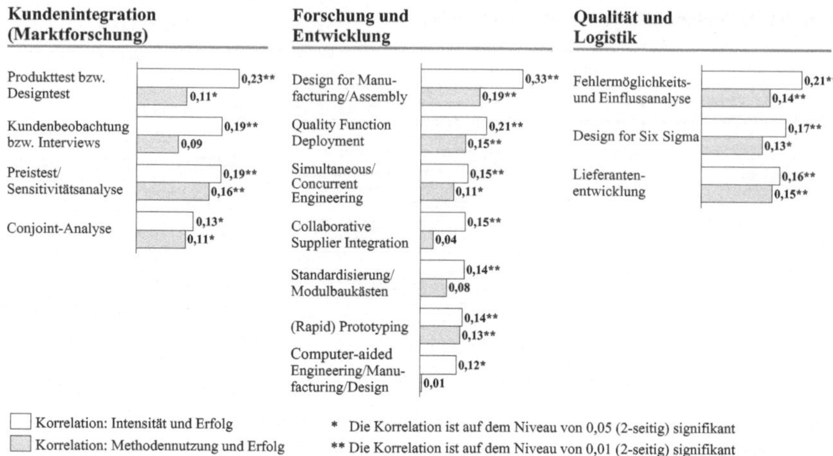

Abb. 2.10 Korrelation einzelner Methoden mit dem Produkterfolg (1/2)

Vergleicht man die Stärke der Einflüsse, so korreliert insbesondere der Einsatz von Forschungs- und Entwicklungsmethoden stark mit dem Erfolg des Produkts, dicht gefolgt von Methoden der Qualität und Logistik sowie Marktforschungsmethoden (vgl. Abb. 2.9).

Der jeweils weiß hinterlegte Balken zeigt die **Korrelation zwischen der Intensität der Methodennutzung und dem Erfolg**. Die Korrelationskoeffizienten sind dabei durchweg höher als bei der reinen Nutzung. Hier wird deutlich: Nicht nur, **ob man eine Methode** einsetzt, ist von Belang, sondern insbesondere, **wie man diese anwendet**.

Nach dieser Überblicksbetrachtung sind in den Abb. 2.10 und 2.11 für jede einzelne Methode die Korrelationskoeffizienten der **Methodennutzung** und der **Intensität der Anwendung** mit dem finanziellen Erfolg des Produkts dargestellt. Hieraus lassen sich je Bereich besonders effektive Methoden identifizieren, die im Folgenden kurz erörtert werden.

Bei den **Methoden der Kundenintegration** korrelieren „Produkt und Designtests", „Kundenbeobachtung" sowie „Preistests" deutlich mit dem Erfolg. Auch der Einsatz der Methode „Conjoint-Analyse" korreliert signifikant mit dem finanziellen Erfolg des Produkts, wenn auch in absoluter Höhe nicht ganz so stark wie beispielsweise „Produkttests" (vgl. Abb. 2.10).

Unter den in Abb. 2.10 dargestellten **Forschungs- und Entwicklungsmethoden** weist „Design for Manufacturing" die höchste Erfolgskorrelation auf. Durch die Sicherstellung der Herstellbarkeit werden Fehlentwicklungen von vornherein

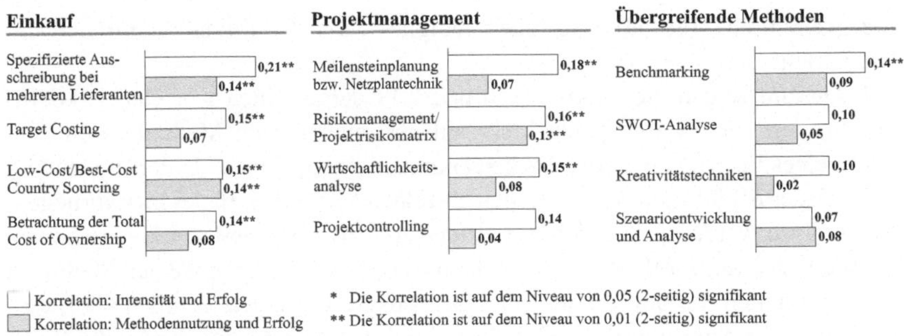

Abb. 2.11 Korrelation einzelner Methoden mit dem Produkterfolg (2/2)

reduziert. Die frühe Berücksichtigung dieses Aspekts in der Entwicklungsphase wirkt sich auch auf die späteren Produktionskosten aus. Einen starken und signifikant positiven Effekt hat die Methode „Quality Function Deployment", mit der mögliche Qualitätsprobleme bereits in der Entwicklung strukturiert analysiert und berücksichtigt werden können. Bei den Forschungs- und Entwicklungsmethoden wird deutlich, dass insbesondere die richtige und intensive Methodenanwendung den Erfolg beeinflusst. Alle abgefragten Methoden zeigen bezüglich der Intensität der Methodenanwendung signifikant positive Effekte auf den Produkterfolg.

Das gleiche Bild zeigt sich bei den Methoden aus dem Bereich **Qualität und Logistik**. Betrachtet man lediglich die Anwendung der Methode (grauer Balken), so ist „Lieferantenentwicklung" mit einem Korrelationskoeffizienten von 0,15 am stärksten mit dem Erfolg korreliert. Eine besonders intensive Anwendung wirkt noch stärker auf den Erfolg (Korrelationskoeffizient der Intensität mit dem Erfolg=0,16**), wohingegen bei der Methode „Fehlermöglichkeits- und Einflussanalyse" (FMEA) der Unterschied zwischen der reinen Anwendung ($\%_{\text{Anwendung, Erfolg}}=0{,}14^{**}$) und einer besonders intensiven und gründlichen Anwendung sehr viel größer ist ($\%_{\text{Intensität, Erfolg}}=0{,}21^{**}$). Gerade hier lohnt es sich, die Methode gründlich anzuwenden.

Die Korrelationskoeffizienten der Einkaufs-, Projektmanagement- und übergreifenden Methoden sind in Abb. 2.11 dargestellt. Besonders ausgeprägt sind die Zusammenhänge zwischen dem Produkterfolg und den **Einkaufsmethoden** „spezifizierte Ausschreibung", „Target Costing" und „Low-/Cost-Country Sourcing", die alle dazu beitragen können, die Kosten eines Produkts (bei einem definierten Qualitätsniveau) zu senken. Bei den **Projektmanagementmethoden** ist insbesondere eine profunde „Meilensteinplanung", ein gutes „Risikomanagement" sowie eine solide „Wirtschaftlichkeitsanalyse" mit dem Projekterfolg verbunden. Bei

übergreifenden Methoden korreliert lediglich „Benchmarking“ signifikant mit dem Erfolg.

Insgesamt zeigen die in Abb. 2.10 und 2.11 dargestellten Korrelationskoeffizienten, dass die überwiegende Mehrzahl der untersuchten Methoden mit dem Erfolg eines Entwicklungsprojekts korreliert. Allerdings gibt es Unterschiede hinsichtlich der Effektstärke zwischen den einzelnen Methoden. In der hier vorliegenden Analyse werden je Bereich **besonders effektive Methoden** hervorgehoben. Konsequenterweise sollten Unternehmen bei der Auswahl der einzelnen Methoden diese ermittelten Zusammenhänge berücksichtigen. Besonders deutlich wird, dass nicht „nur“ die Anwendung, sondern insbesondere eine **intensive und gründliche Methodennutzung** von entscheidender Bedeutung für den Erfolg ist.

- Korrelation des Methodeneinsatzes mit weiteren Einflussfaktoren der Produktentwicklung

Nachdem die Korrelation jeder einzelnen Methode mit dem Erfolg des Produkts dargestellt wurde, wird nun auf den Zusammenhang der einzelnen Methodenkategorien mit den beschriebenen indirekten Einflussfaktoren (Dauer des Projekts, Grad der Zusammenarbeit, Innovationsgrad) eingegangen.

Anhand der Korrelationsanalyse wird nun untersucht, welche Methodenkategorien einen besonders starken Einfluss auf die einzelnen Einflussfaktoren haben. Abbildung 2.12 zeigt die jeweiligen Korrelationskoeffizienten der einzelnen Methodenkategorien.

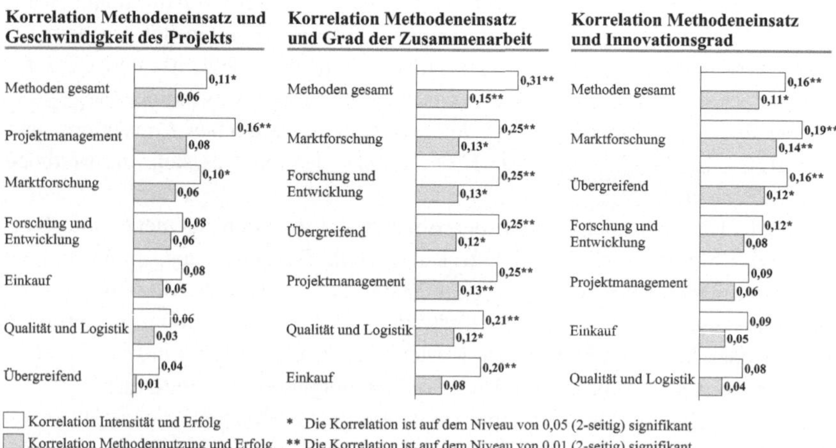

Abb. 2.12 Korrelation Methodeneinsatz mit weiteren Einflussfaktoren der Produktentwicklung

Betrachtet man die **Geschwindigkeit des Entwicklungsprojekts**, so haben insbesondere Projektmanagement- und Marktforschungsmethoden einen signifikant positiven (verkürzenden) Einfluss auf die Projektdauer. Projektmanagementmethoden können dazu beitragen, das Entwicklungsprojekt zu strukturieren und dadurch Doppelarbeit und Wartezeiten zu minimieren. Marktforschungsmethoden erlauben es, das Produkt zielgerichtet auf die Kundenbedürfnisse hin zu entwickeln und gegebenenfalls Produktfunktionen, die der Kunde nicht schätzt oder wahrnimmt, erst gar nicht zu entwickeln. Die Produktentwicklung findet dann fokussierter statt, was sich in einer verkürzten Entwicklungszeit niederschlägt.

Der **Grad der funktionsübergreifenden Zusammenarbeit** im Entwicklungsprojekt korreliert erwartungsgemäß stark mit allen untersuchten Methodenkategorien. Für die meisten Methoden werden Informationen aus mehreren Unternehmensbereichen benötigt (technische Daten aus der Entwicklung, Planungszahlen aus dem Projektmanagement/Controlling, Liefer- und Qualitätsanforderungen usw.). Dies führt dazu, dass die Projektbeteiligten sich stärker austauschen müssen und damit stärker zusammenarbeiten. Je intensiver die einzelnen Methoden eingesetzt werden, desto höher ist der Grad dieser funktionsübergreifenden Zusammenarbeit.

Den **Innovationsgrad des Produkts** beeinflussen insbesondere Marktforschungsmethoden, übergreifende Methoden (Problemlösungsmethoden, Benchmarking usw.) sowie Forschungs- und Entwicklungsmethoden. Diese Methoden erlauben es, neues Wissen beispielsweise über Kundenwünsche oder technische Alternativen zu generieren, was wiederum dem Unternehmen Wettbewerbsvorteile ermöglicht.

- Bestmögliche Kombination von Produktentwicklungsmethoden

Nachdem in den vorherigen Abschnitten die einzelnen Methoden im Detail hinsichtlich ihrer Effektivität analysiert wurden, wird nun das Zusammenspiel der einzelnen Methodenbereiche näher beleuchtet. Die Frage lautet, ob die **Kombination mehrerer Methoden aus unterschiedlichen Kategorien** besonders erfolgversprechend ist.

Dazu wurde anhand der Stichprobe von 410 Produktentwicklungsprojekten geprüft, ob Unternehmen, die eine Kombination aus **Marktforschungsmethoden** (die Informationen bezüglich der Kundenwünsche liefern und damit primär den Umsatz beeinflussen) und **Einkaufsmethoden** (die primär auf die Kosten einwirken) anwenden, erfolgreicher sind als Unternehmen, die dies nicht tun. Das Ergebnis der statistischen Auswertung zeigt eindeutig, dass Produktentwicklungsprojekte, die sowohl die Umsatz- als auch die Kostendimension berücksichtigen, höhere Gewinnmargen erzielen als Projekte, die nur einzelne Dimensionen abdecken.

Zusätzlich wurde die Kombination aus **Marktforschungsmethoden**, Methoden mit eher **technischem Fokus** (Forschungs- und Entwicklungsmethoden sowie Qualitäts- und Logistikmethoden), **Einkaufsmethoden** sowie Methoden des **Projektmanagements** getestet. Produktentwicklungsprojekte, die Methoden aus allen Bereichen einsetzten, waren insgesamt deutlich **erfolgreicher**. Somit ist insbesondere die ausgewogene Kombination von verschiedenen Methoden von besonderer Bedeutung für den Erfolg eines Entwicklungsprojekts.

2.3 Den richtigen Zeitpunkt auswählen

- Unterschiede im Zeitpunkt der Methodenanwendung

Neben der Frage, ob und wie intensiv jede einzelne Methode im entsprechenden Produktentwicklungsprojekt zur Anwendung kommt, wurde für jede Methode zusätzlich der Zeitpunkt der Anwendung im Entwicklungsprojekt erfasst. Im Folgenden wird gezeigt, welche Methoden eher früh im Entwicklungsprojekt und welche eher gegen Ende der Produktentwicklung eingesetzt werden.

Dazu wird der Produktentwicklungsprozess in vier Phasen eingeteilt, die in Abb. 2.13 dargestellt sind.

Hatten die befragten Unternehmen keine oder eine andere Unterteilung des Produktentwicklungsprozesses, so wurden die Interviewten gebeten, eine einfache zeitliche Einteilung vorzunehmen. Phase 1 wurde dementsprechend als sehr früh, Phase 4 als sehr spät in der Produktentwicklung angesehen.

Abbildung 2.14 zeigt die Ergebnisse zur Methodennutzung je Projektphase und Methodenkategorie. Dargestellt ist die Methodennutzung der überdurchschnittlich erfolgreichen Projekte.

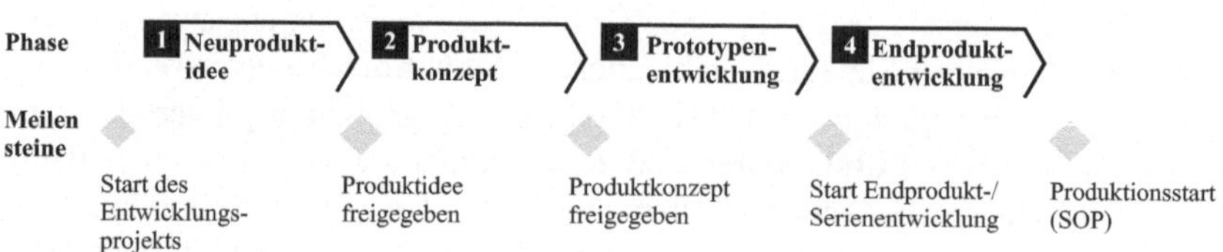

Abb. 2.13 Phasen der Produktentwicklung

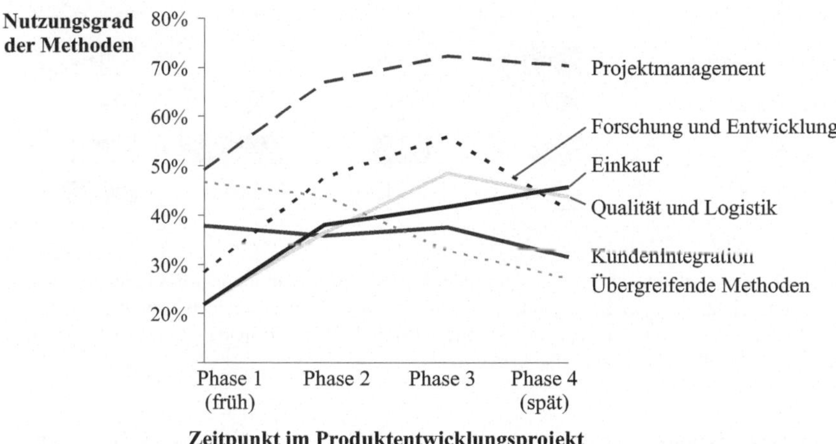

Abb. 2.14 Methodennutzung überdurchschnittlich erfolgreicher Entwicklungsprojekte je Projektphase

Bei nahezu allen Methodenkategorien **steigert sich die Nutzungshäufigkeit im Laufe des Projekts** und hat bei den meisten Methoden den Höhepunkt in der Phase der Prototypenentwicklung, also in der zweiten Hälfte der Entwicklungszeit. Eine Ausnahme bilden lediglich die übergreifenden Methoden, insbesondere die Nutzung von Kreativitätstechniken (beispielsweise Brainstorming, Brainwriting, Synetics) sowie Benchmarking, die tendenziell eher in den frühen und noch weniger konkreten Entwicklungsphasen benötigt werden und dort zum Einsatz kommen. Die Nutzung von Einkaufsmethoden hingegen steigt (mit zunehmender Konkretisierung der einzukaufenden Materialien und Komponenten) kontinuierlich an und hat ihren Höhepunkt erwartungsgemäß kurz vor Produktionsstart.

Nach dieser Durchschnittsbetrachtung aller Methoden einer Kategorie wird im Folgenden gezeigt, welche Methoden besonders früh und welche besonders spät angewendet werden. Um Unterschiede in der Methodenanwendung besonders erfolgreicher Projekte hervorzuheben, werden die finanziell erfolgreichsten 20 % der entwickelten Produkte den schlechtesten 20 % gegenübergestellt (jeweils 82 Produktentwicklungsprojekte). Für jede einzelne Projektphase wird verglichen, wie oft erfolgreiche und nicht erfolgreiche Projekte einzelne Methoden anwenden.[2]

Die Ergebnisse sind in Abb. 2.15 bis 2.20 dargestellt. Die vertikale Linie markiert jeweils den Nullpunkt (d. h. die Methodennutzung besonders erfolgreicher

[2] Es handelt sich dabei um einen rein deskriptiven Vergleich. Eine Signifikanzbetrachtung ist aufgrund der geringen Größe der Teilstichproben nicht möglich. So wurden zwar jeweils 82 Projekte verglichen, betrachtet man jedoch, wie viele der 82 Projekte eine einzelne Methode in einer spezifischen Projektphase angewendet haben, so reduzieren sich die vergleichbaren Teilstichproben teilweise beträchtlich.

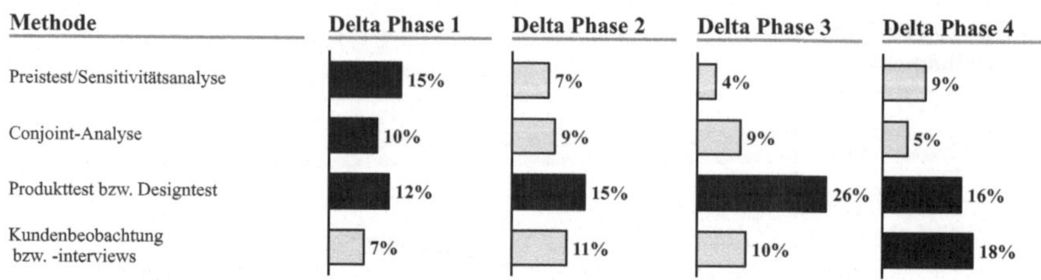

Abb. 2.15 Vergleich der Nutzung von Marktforschungsmethoden in besonders erfolgreichen und nicht erfolgreichen Projekten je Projektphase (Prozentangaben gerundet und basierend auf den Angaben der finanziell erfolgreichsten 20 % der Projekte und der am wenigsten erfolgreichen Projekte (ebenfalls 20 %))

und nicht erfolgreicher Projekte unterscheidet sich nicht). Positive Werte (Balken geht nach rechts) zeigen, dass erfolgreiche Projekte die jeweilige Methode häufiger anwenden, negative Werte (Balken geht nach links) dass die Methode seltener angewendet wird. Besonders starke Abweichungen zwischen erfolgreichen und erfolglosen Projekten sind schwarz markiert (Unterschiede von mehr als +10 % bzw. −5 %).

Abbildung 2.15 zeigt, dass besonders erfolgreiche Projekte alle untersuchten **Kundenintegrationsmethoden** in jeder Projektphase häufig einsetzen. Vor allem „Produkt- und Designtests" werden durchgängig über alle Phasen deutlich häufiger genutzt, mit einer besonders starken Abweichung in der Prototypenphase. „Preistest" und „Conjoint-Analyse" werden dabei schon besonders früh im Projekt verstärkt angewendet. Zudem befragen in der Endproduktentwicklung erfolgreiche Unternehmen deutlich häufiger ihre Kunden (30 % der erfolgreichen Unternehmen tun dies in Phase 4, jedoch nur 12 % der nicht erfolgreichen Projekte).

Bei den **Forschungs- und Entwicklungsmethoden** werden insbesondere die Methoden „Standardisierung/Nutzung von Modulbaukästen" in allen Projektphasen häufig genutzt. Ein ähnliches Bild (mit Ausnahme der Prototypenphase) ergibt sich für die aktive Einbeziehung der Lieferanten in den Entwicklungsprozess („Collaborative Supplier Integration"). Die simultane Entwicklung in verschiedenen Teams („Simultaneous/Concurrent Engineering") wird hingegen von erfolgreichen Projekten in allen Phasen – mit Ausnahme der Konzeptphase – seltener angewendet. Dies ist möglicherweise auf die hohe Komplexität und den hohen Aufwand paralleler Produktentwicklung zurückzuführen. „Quality Function Deployment" und „Computer-aided Engineering/Design" werden bei den Top 20 % der Projekte in der Endproduktentwicklung (Phase 4) besonders häufig genutzt (vgl. Abb. 2.16).

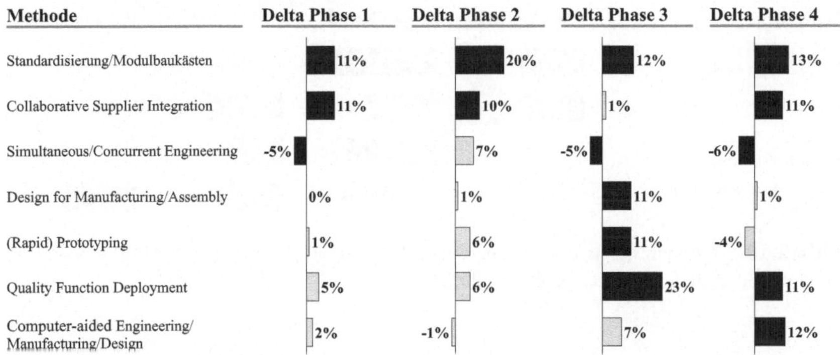

Abb. 2.16 Vergleich der Nutzung von Forschungs- und Entwicklungsmethoden in besonders erfolgreichen und nicht erfolgreichen Projekten je Projektphase

Methode	Delta Phase 1	Delta Phase 2	Delta Phase 3	Delta Phase 4
Design for Six Sigma	9%	23%	12%	15%
Lieferantenentwicklung	5%	7%	16%	15%
Fehlermöglichkeits- und Einflussanalyse	7%	2%	16%	17%

Abb. 2.17 Vergleich der Nutzung von Qualitäts- und Logistikmethoden in besonders erfolgreichen und nicht erfolgreichen Projekten je Projektphase

In Abb. 2.17 ist der Nutzungsvergleich der untersuchten **Qualitäts- und Logistikmethoden** dargestellt. Auch hier zeigt sich, dass die erfolgreichsten 20 % der Projekte die untersuchten Methoden deutlich häufiger anwenden, insbesondere in der zweiten Projekthälfte (Phase 3 und 4).

Bei den **Einkaufsmethoden** ergibt sich wiederum ein differenzierteres Bild (vgl. Abb. 2.18). So beziehen erfolgreiche Projektentwicklungsteams sämtliche Kosten (und nicht nur den Einkaufspreis) wesentlich früher und intensiver in ihre Kalkulation mit ein („Total Cost of Ownership") und setzen häufiger und früher konkrete Kostenziele („Target Costing"). Überdies beginnen sie bereits in der Konzept- und Prototypenphase mit spezifizierten Ausschreibungen bei Lieferanten, um so frühzeitig mehrere Lieferantenangebote vergleichen zu können. Sobald das Produkt einen gewissen Reifegrad aufweist, beginnen erfolgreiche Projekte sehr viel stärker, den Bezug von Materialien und Bauteilen aus Niedriglohnländern („Low-Cost/Best-Cost Country Sourcing") zu forcieren, um dadurch beispielsweise Kosteneinsparungen zu erzielen.

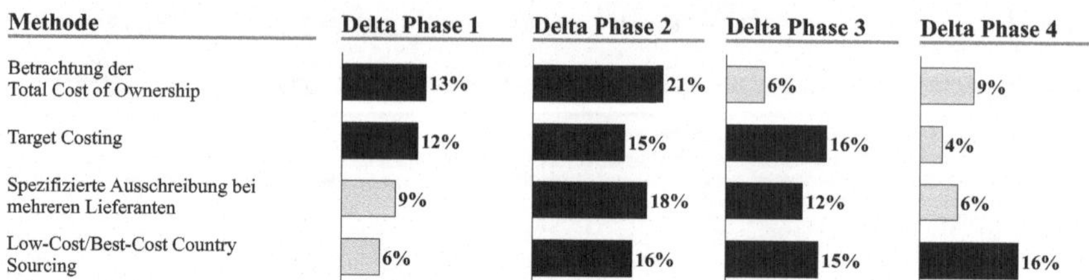

Abb. 2.18 Vergleich der Nutzung von Einkaufsmethoden in besonders erfolgreichen und nicht erfolgreichen Projekten je Projektphase

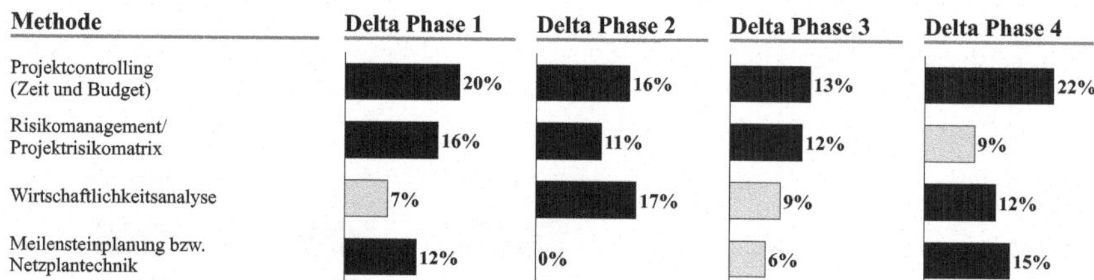

Abb. 2.19 Vergleich der Nutzung von Projektmanagementmethoden in besonders erfolgreichen und nicht erfolgreichen Projekten je Projektphase

Wie zu Beginn des Abschnitts gezeigt, werden **Projektmanagementmethoden** insgesamt sehr häufig angewendet. Auch hier zeigen sich deutliche Unterschiede zwischen erfolgreichen und nicht erfolgreichen Projekten (vgl. Abb. 2.19). Über alle Phasen hinweg wird in erfolgreichen Projekten ein sehr viel stärkeres Projektcontrolling (Einhaltung des Zeitplans und der Kostenbudgets) und Risikomanagement betrieben. Die Wirtschaftlichkeit der Projekte wird bereits in der Konzeptphase sehr genau betrachtet. Besonders zu Beginn der Projekte und in der Endproduktentwicklung wird zudem eine detaillierte Meilensteinplanung durchgeführt. Damit kann mithilfe der Netzplantechnik der kritische Pfad identifiziert werden, bei dem eine Verzögerung eines einzelnen Projektschritts zu einer Verzögerung des gesamten Projekts führen würde. Somit ist eine profunde Meilensteinplanung ein wesentlicher Erfolgsfaktor für die optimale Verzahnung der einzelnen Arbeitsschritte in der Produktentwicklung und für die Einhaltung der Zeitpläne.

Bei den **übergreifenden Methoden** (Abb. 2.20) zeigt sich, dass erfolgreiche Projektteams gerade zu Beginn und dann nochmals in der zweiten Hälfte der Produktentwicklung verstärkt Wettbewerbsvergleiche anstellen (Methode „Benchmarking“). „SWOT-Analysen“ werden deutlich häufiger zu Beginn des Projekts durchgeführt (+23 %), ab der dritten Projektphase jedoch seltener als bei den erfolglosen Projekten.

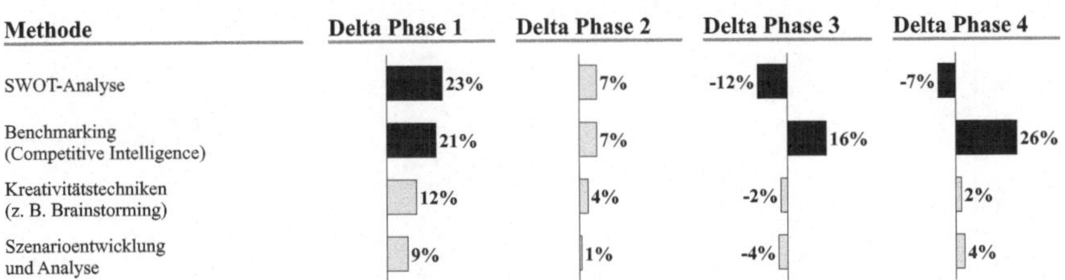

Abb. 2.20 Vergleich der Nutzung übergreifender Methoden in besonders erfolgreichen und nicht erfolgreichen Projekten je Projektphase

Insgesamt zeigt auch die getrennte Analyse nach Projektphasen, dass besonders **erfolgreiche Projekte sehr viel häufiger Methoden** einsetzen und einzelne Methoden im Vergleich zu erfolglosen Projekten in früheren Produktentwicklungsphasen vorziehen. Aus diesem Grund ist eine differenzierte Betrachtung je nach Methode und Projektphase notwendig.

2.4 Zusammenfassung und Empfehlungen zum Methodeneinsatz

In Kap. 2.2 und 2.3 wurde die Gesamtsicht auf den Methodeneinsatz um eine Detailanalyse der einzelnen Methoden ergänzt.

Dazu wurden zunächst **besonders häufig eingesetzte Methoden** vorgestellt und deren **Einsatzzeitpunkt im Projekt** näher beleuchtet. Während übergreifende Methoden eher am Anfang eines Projekts eingesetzt werden, liegt der Schwerpunkt bei den meisten Methoden eher in der zweiten Hälfte des Entwicklungsprojekts. Allerdings unterscheiden sich die „optimalen" Einsatzzeitpunkte der Methoden. Deshalb wurde ein Vergleich der besonders erfolgreichen mit den besonders erfolglosen Projekten durchgeführt, um zu zeigen, welche Methoden von den „besten" Projekten früher und welche eher später eingesetzt werden. Hier zeigt sich, dass besonders erfolgreiche Produkte nicht nur tendenziell mehr Methoden einsetzen, sondern bestimmte Methoden im Vergleich zu nicht erfolgreichen Produkten auch deutlich früher im Produktentwicklungsprozess anwenden (z. B. „Betrachtung der Total Cost of Ownership")

Um detailliert zu analysieren, welche Methoden mit welchen Faktoren besonders stark zusammenhängen, wurden die Korrelationen der einzelnen Methoden mit den Faktoren „Erfolg des Produkts", „Geschwindigkeit der Produktentwicklung", „Funktionsübergreifende Zusammenarbeit" und „Innovationsgrad" untersucht. Hier wurde die Wirkung einzelner Methodenbereiche auf diese spezifischen Einflussfaktoren hervorgehoben.

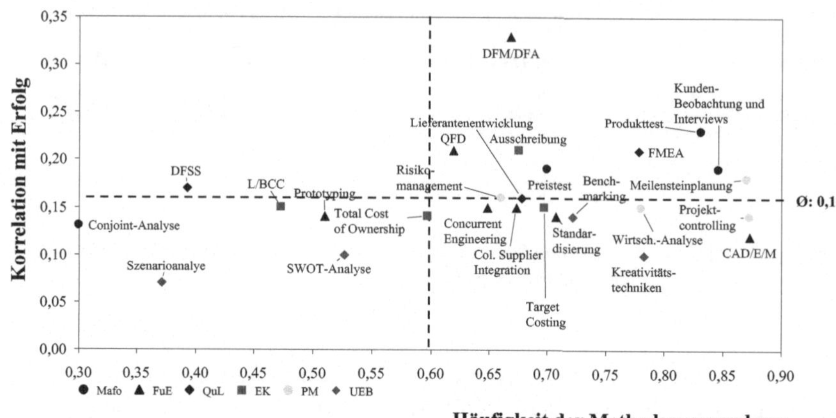

Abb. 2.21 Empfehlungsmatrix für den Methodeneinsatz

Im Anschluss wurde gezeigt, dass insbesondere die **Kombination mehrerer Methodenbereiche der Schlüssel zum Erfolg** ist. So müssen in einem Projekt sowohl die Umsatzkomponente als auch die Kosten und die technische Umsetzbarkeit bedacht und gegeneinander abgewogen werden. Unternehmen, die das in ihren Produktentwicklungsprojekten berücksichtigen, sind statistisch gesehen deutlich erfolgreicher.

Zusammenfassend sind in Abb. 2.21 noch einmal die einzelnen Methoden in einer Matrix dargestellt. Auf der vertikalen Achse ist die Effektivität der Methoden abgebildet (gemessen als Korrelation mit dem finanziellen Erfolg), auf der horizontalen Achse die Häufigkeit der Methodenanwendung (in Prozent der Projekte, die die entsprechende Methode angewendet haben).

Die Methoden im **rechten oberen Quadranten** (beispielsweise „Design for Manufacturing/Assembly", „Produkttests", „Kundenbeobachtung") sind überdurchschnittlich effektiv und werden überdurchschnittlich oft angewendet. Die Empfehlung lautet hier, diese weiterhin häufig und intensiv anzuwenden.

Die Methoden im (oder nahe am) **linken oberen Quadranten** („Design for Six Sigma") sind zwar sehr effektiv, werden aber eher selten genutzt. Hier sollte die Nutzung weiter gesteigert werden. Die Methoden im **unteren rechten Quadranten** (beispielsweise die Nutzung von Kreativitätstechniken) werden zwar sehr oft angewendet, sind jedoch unterdurchschnittlich erfolgreich. Deshalb ist im Einzelfall zu prüfen, ob deren Einsatz wirklich sinnvoll ist. Dieselbe Empfehlung gilt für die Methoden im letzten **unteren linken Quadranten**, die sowohl unterdurchschnittlich mit dem Produkterfolg korrelieren als auch selten eingesetzt werden.

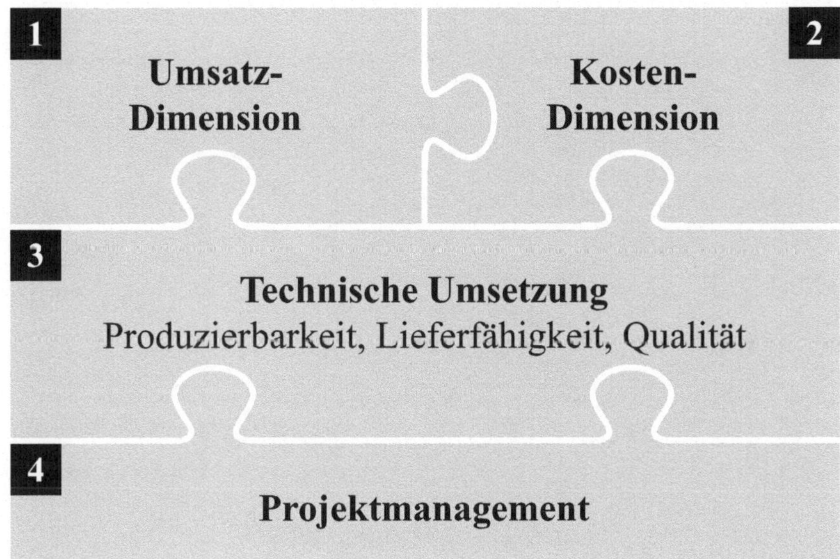

Abb. 2.22 Erfolgsdimensionen der Produktentwicklung

Betrachtet man die vorgestellten Ergebnisse in Summe, so zeigt sich ganz deutlich, dass die Entwicklung neuer Produkte ein komplexer Vorgang ist, der am besten durch die verzahnte Anwendung mehrerer Methoden strukturiert und unterstützt wird. Dabei sollten sowohl die Umsatz- wie auch die Kostendimension des Produkts gegeneinander abgewogen werden. Beide Aspekte müssen im zu entwickelnden Produkt technisch umgesetzt werden. Es wäre sinnvoll, bereits in der Produktentwicklung auf die Dimensionen Produzierbarkeit und Lieferfähigkeit zu achten und die von den Kunden geforderten Qualitätsansprüche des Produkts (z. B. Haltbarkeit) hinreichend zu berücksichtigen. Um zeit- und ressourceneffizient zu entwickeln, bedarf es eines konsequenten Projektmanagements. Eine solche **Verzahnung der zentralen Erfolgsdimensionen** ist in Abb. 2.22 schematisch dargestellt.

Die vorliegende Untersuchung hat für jeden Bereich die effizientesten und am häufigsten genutzten Methoden identifiziert. Gerade die Kombination der verschiedenen Methodenkategorien wirkt sich am stärksten positiv auf den finanziellen Erfolg des entwickelten Produkts aus.

Die richtigen Voraussetzungen schaffen

3

Nach den dargestellten Ergebnissen des Methodeneinsatzes stellt sich die Frage, welche Rahmenbedingungen Unternehmen schaffen müssen, damit mehr Methoden in der Produktentwicklung eingesetzt werden.

Zwei zentrale Rahmenbedingungen des Methodeneinsatzes wurden in der vorliegenden Untersuchung von 410 Produktentwicklungsprojekten eindeutig identifiziert: Die **Unterstützung des Projekts durch das Topmanagement** und das **Design des Produktentwicklungsprozesses** im Unternehmen. Diese sind in Abb. 3.1 dargestellt.

3.1 Unterstützung des Topmanagements

Topmanagement-Unterstützung wird in einer Vielzahl von wissenschaftlichen Arbeiten als **wichtiger Erfolgsfaktor der Produktentwicklung** bestätigt. Die Aufgaben, die der mit „Topmanagement" bezeichneten Gruppe der Führungskräfte zufallen, müssen jedoch nicht zwangsläufig von der höchsten Führungsebene des Unternehmens wahrgenommen werden. Gerade bei sehr großen Unternehmen wird sich diese obere Führungsebene nur in ausgewählten Sonderfällen auf operativer Basis mit einzelnen Entwicklungsprojekten befassen. Gemeint sind deshalb insbesondere die Führungskräfte, die so weitreichende Kompetenzen besitzen, dass sie befugt sind, als letzte Instanz die grundlegenden Entscheidungen für das Projekt zu treffen.

Das Topmanagement hat einen entscheidenden Einfluss sowohl auf die übergreifende Innovationskultur im Unternehmen als auch auf einzelne Entwicklungsprojekte. So sind für den Einsatz von Methoden in der Produktentwicklung oftmals

M. Graner, *Methodeneinsatz in der Produktentwicklung*, essentials,
DOI 10.1007/978-3-658-08582-7_3

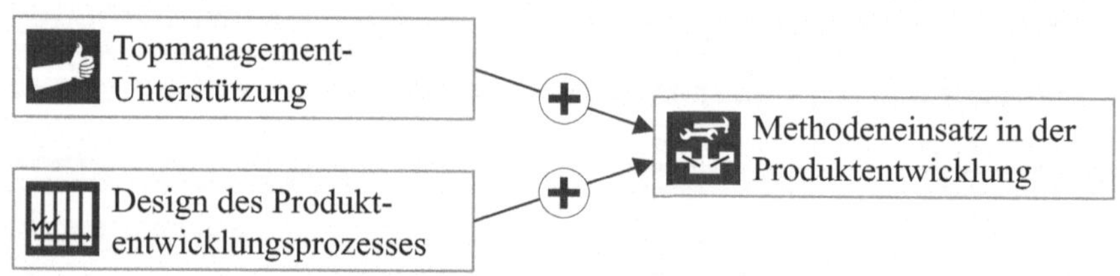

Abb. 3.1 Zwei zentrale Rahmenbedingungen des Methodeneinsatzes

finanzielle und personelle Ressourcen erforderlich, die durch die entsprechende Managementebene zunächst freigegeben werden müssen. Deshalb ist Topmanagement-Unterstützung oft eine **Voraussetzung für die Anwendung bestimmter Methoden** im Entwicklungsprojekt. Die empirische Überprüfung zeigt, dass sich Topmanagement-Unterstützung eindeutig positiv auf die Anwendung von Methoden in der Produktentwicklung auswirkt.

3.2 Design des Produktentwicklungsprozesses

Ein weiterer Einflussfaktor auf die Anwendung von Methoden im Entwicklungsprojekt ist der Formalisierungsgrad des Entwicklungsprozesses. Eine Reihe von Untersuchungen belegt, dass Firmen, die einen **strukturierten Entwicklungsprozess** aufweisen, **mehr Produktentwicklungsmethoden** einsetzen. Teilweise ist der Entwicklungsprozess in den Unternehmen sogar dahingehend formalisiert, dass die Anwendung von bestimmten Methoden je Projektphase vorgegeben ist. In diesem Fall obliegt die Entscheidung, ob eine Methode genutzt wird, nicht allein dem Projektleiter, und es werden oft mehr Methoden angewendet.

Vergleicht man die Einflussstärke der beiden Faktoren so zeigt sich, dass die Existenz eines **formalen Entwicklungsprozesses einen größeren Einfluss** auf den Einsatz von Methoden hat als die Unterstützung des Topmanagements. Ein stärker formalisierter Prozess mit definierten Entscheidungspunkten (und eventuell sogar Vorgaben zum Einsatz bestimmter Methoden) führt zu einem intensiveren Methodeneinsatz in der Produktentwicklung. Dies wurde durch die zugrunde liegende Untersuchung von 410 Produktentwicklungsprojekten eindeutig bestätigt.

Unternehmen, die stärker methodisch vorgehen möchten, können somit die richtigen Rahmenbedingungen für einen erfolgreichen Methodeneinsatz setzen.

4 Methodenglossar

M. Graner, *Methodeneinsatz in der Produktentwicklung,* essentials,
DOI 10.1007/978-3-658-08582-7_4

Tab. 4.1 Methodenglossar: Forschung und Entwicklung

Name der Methode	Beschreibung
Simultaneous/Concurrent Engineering	Gleichzeitige verteilte Produktentwicklung, z. B. über verschiedene Entwicklungsteams oder Standorte
Design for Manufacturing/Assembly (DFM/DFA)	Berücksichtigung bzw. Verbesserung der „Herstellbarkeit" des Produkts (bzw. des Produktionsaufwands) bereits während der Entwicklung
Computer-aided Engineering/Manufacturing/Design (CAE/CAM/CAD)	Verwendung von Computern als Hilfsmittel in der Produktentwicklung, beispielsweise in der Konstruktion und beim technischen Zeichnen
Quality Function Deployment (QFD)/House of Quality	Methode zur Identifikation und Bewertung von Produktbestandteilen, die den Kundennutzen beeinflussen (was möchte der Kunde und wie kann dies technisch umgesetzt werden?). Dazu wird der Kundennutzen eines Produktbestandteils (z. B. lange Standby-Zeit bei Mobiltelefonen) in technische und Qualitätsanforderungen übersetzt (z. B. Anforderungen an Batterie, Display)
Standardisierung/Nutzung von Modulbaukästen	Vereinheitlichung von Produktkomponenten und ggf. Nutzung eines Modulbaukastens zur Erhöhung der Anzahl von Gleichteilen (Ziel: Komplexität reduzieren, Kosten sparen)
Collaborative Supplier Integration	Aktive Einbeziehung der Lieferanten in die Produktentwicklung, z. B. durch Konzeptwettbewerb
(Rapid) Prototyping	Verschiedene Fertigungsverfahren zur schnellen Herstellung von Musterbauteilen (z. B. 3D-Printing, Laserauftragsschweißen)

Tab. 4.2 Methodenglossar: Kundenintegration (Marktforschung)

Name der Methode	Beschreibung
Kundenbeobachtung (z. B. videoüberwachter Testmarkt) bzw. Kundeninterviews (persönlich/telefonisch/Fragebogen)	Durchführung einer strukturierten Kundenbeobachtung, (beispielsweise im Rahmen eines videoüberwachten Testmarktes) oder von Kundeninterviews (beispielsweise persönliche Befragung vor Ort oder fragebogengestützte Telefoninterviews) mit dem Ziel, Kundenbedürfnisse zu erfahren und besser zu verstehen
Produkttest bzw. Designtest	Erprobung des Produkts durch Kunden, beispielsweise im Rahmen eines Home-use-Tests (Produkte werden dazu an Kunden verteilt, diese nutzen die Produkte im Rahmen der alltäglichen Anwendung und geben Rückmeldung zu ihren Erfahrungen mit dem Produkt) oder Test des Produktdesigns durch Kunden (beispielsweise durch Vorführung und Bewertung unterschiedlicher Produktdesigns)
Preistest/Sensitivitätsanalyse	Methode zur Bestimmung des idealen Zielpreises bzw. Preisbereichs (Sensitivität: Bis zu welchem Preis kauft der Kunde?)
Conjoint-Analyse	Marktforschungsmethode zur Bestimmung der Wichtigkeit einzelner Produktfunktionen. Dazu werden dem Befragten mehrmals verschiedene Produktkombinationen gezeigt und bewertet (Paarvergleich)

Tab. 4.3 Methodenglossar: Einkauf

Name der Methode	Beschreibung
Target Costing (Zielkostenvorgabe)	Berechnung der maximal zulässigen Kosten eines Produkts oder einer Komponente, ausgehend vom Marktpreis/Zielpreis des Produkts (bzw. von der ermittelten Zahlungsbereitschaft der Kunden)
Ausschreibung mit detaillierten Spezifikationen bei mehreren Lieferanten	Einholung von Angeboten von mehreren Lieferanten auf Basis von detaillierten Produktspezifikationen für jede werthaltige Komponente, die für die Fertigung des neuen Produkts eingekauft wird
Betrachtung der Total Cost of Ownership (TCO)/Lebenszykluskosten	Berechnung aller Kosten von der Entwicklung eines Produkts bis zur Rücknahme vom Markt (z. B. inklusive der späteren Kosten für eine Ersatzteilversorgung)
Low-Cost/Best-Cost Country Sourcing	Systematischer Einkauf in Niedriglohnländern

Tab. 4.4 Methodenglossar: Qualität und Logistik

Name der Methode	Beschreibung
Lieferantenentwicklung	Gestaltung, Lenkung und Entwicklung der Lieferant mit dem Ziel der Verbesserung der Leistung und der Fähigkeiten des Lieferanten
Design for Six Sigma	Methode des Qualitätsmanagements, um möglichst fehlerfreie Produkte und Prozesse zu erzielen (Ziel: Minimierung der Fehlerquote)
Fehlermöglichkeits- und Einflussanalyse (FMEA)/ Fehlerbaumanalyse	Analytische Methoden der Zuverlässigkeitstechnik, mit dem Ziel, potenzielle Schwachstellen eines Produkts frühzeitig zu identifizieren und zu bewerten. Dazu werden mögliche Fehlerquellen und die Auftretenswahrscheinlichkeit von Fehlern gewichtet und bewertet. Mithilfe dieser Risikobewertung sollen mögliche Fehler frühzeitig vor dem tatsächlichen Eintreten identifiziert und behoben werden

Tab. 4.5 Methodenglossar: Projektmanagement

Name der Methode	Beschreibung
Meilensteinplanung (z. B. Stage-Gate-Methode) bzw. Netzplantechnik (z. B. Critical-Path-Methode)	Planung von Projektmeilensteinen („Wer hat wann was zu erledigen?") Stage-Gate: von Robert Cooper entwickeltes Vorgehensmodell mit definierten Entscheidungspunkten (Gates) Critical-Path-Methode: erweiterte Meilensteinplanung mit Abstimmung der einzelnen Schritte und Festlegung des „kritischen Pfades" (Verspätungen in diesen Projektschritten führen zu Verspätungen beim Gesamtprojekt)
Wirtschaftlichkeitsanalyse (Break-even-Analyse, Net Present Value (NPV), Return on Investment)	Strukturierte Wirtschaftlichkeitsanalyse des Projekts, z. B. anhand der Break-even-Analyse („Ab wann rechnet sich das Projekt?") oder des Return on Investment (ROI) („Wie lange dauert es, die Investitionen zu erwirtschaften?")
Projektcontrolling (Zeit und Budget)	Regelmäßige Kontrolle des Projekts hinsichtlich der zeitlichen und der Budgetziele sowie des Erreichungsgrads der Projektmeilensteine (beispielsweise durch Projektcontroller)
Risikomanagement/ Projektrisikomatrix	Darstellung und Kontrolle der Projektrisiken (beispielsweise Verzögerungen, Qualitätsaspekte)

Tab. 4.6 Methodenglossar: Übergreifende Methoden

Name der Methode	Beschreibung
Kreativitätstechniken (z. B. Brainstorming, Brainwriting, morphologischer Kasten, Mind-mapping, Synetics)	Methoden zur kreativen Lösungsfindung, z. B. intuitive Methoden (Brainstorming usw.) oder diskursive (logisch fortschreitende) Methoden (morphologischer Kasten usw.)
Benchmarking (Competitive Intelligence)	Strukturierter Vergleich sowohl mit Produkten im eigenen Unternehmen als auch mit Wettbewerbsprodukten (bzw. Lösungen)
SWOT-Analyse (Strengths, Weaknesses, Opportunities und Threats)	Strukturierte Gegenüberstellung und Analyse der Stärken, Schwächen, Chancen und Risiken eines Produkts oder einer Lösungsalternative
Szenarioentwicklung und Analyse	Methode der strategischen Planung, um die Bandbreite möglicher Ereignisse und deren Auswirkungen zu analysieren (z. B. best-case, worst-case, typical-case)

Weitere Literatur

Barczak, G., Griffin, A., & Kahn, K. B. (2009). Trends and drivers of success in NPD Practices. Results of the 2003 PDMA best practices study. *Journal of Product Innovation Management, 26*(1), 3–23.

Chai, K.-H., & Yan, X. (2006). The application of new product development tools in industry: The case of Singapore. *IEEE Transactions on Engineering Management, 53*(4), 543–554.

Christiansen, J. K., & Varnes, C. J. (2009). Formal rules in product development: Sensemaking of structured approaches. *Journal of Product Innovation Management, 26*(5), 502–519.

Cooper, R. G. (2008). *Winning at new products. Accelerating the process from idea to launch*. 3. Aufl. New York: Basic Books.

Cooper, R. G., Edgett, S., & Kleinschmidt, E. J. (2004). Benchmarking best NPD practices-III. *Research-Technology Management, 47*(6), 43–55.

Drucker P. F. (1955). *The practice of management* (S. 32). Amsterdam: Elsevier.

Ernst, H. (2002). Success factors of new product development: A review of the empirical literature. *International Journal of Management Reviews, 4*(1), 1–40.

Ernst, H., Hoyer, W. D., & Rübsaamen, C. (2010). Sales, marketing, and research-and-development cooperation across new product development stages: Implications for success. *Journal of Marketing, 74*(5), 80–92.

Evanschitzky, H., Eisend, M., Calantone, R., & Jiang, Y. (2012). Success factors of product innovation: An updated meta-analysis. *Journal of Product Innovation Management*, doi:10.1111/j.1540-5885.2012.00964.x.

Franke, S., Kirschner, R., Kain, A., Becker, I., & Lindemann, U. (2009). Managing early phases of innovation processes and the use of methods within – empirical results from an industry survey. 17th International Conference on Engineering Design Stanford University. California, USA. http://www.pe.mw.tum.de/forschung/publikationen/publikationen/pdfs/FrankeKirschnerKain2009.pdf. Zugegriffen: 19. Jan. 2011.

Fujita, K., & Matsuo, T. (2005). Utilization of product development tools and methods: Japanese survey and international comparison. In A. Samuel & W. Lewis (Hrsg.), *Proceedings of the 15th International Conference on Engineering Design* (ICED05) (S. 274–275). Melbourne: IE Aust..

M. Graner, *Methodeneinsatz in der Produktentwicklung,* essentials,
DOI 10.1007/978-3-658-08582-7

González, F. J., & Palacios, T. M. (2002). The effect of new product development techniques on new product success in Spanish firms. *Industrial Marketing Management, 31*(3), 261–271.

Graner, M. (2013). Der Einsatz von Methoden in Produktentwicklungsprojekten: Eine empirische Untersuchung der Rahmenbedingungen und Auswirkungen (Schriften zum europäischen Management), Univ. Diss., Springer Gabler Verlag, Heidelberg.

Graner, M., & Mißler-Behr, M. (2012). The use of methods in new product development: A review of empirical literature. *International Journal of Product Development, 16*(2), 158–184.

Graner, M., & Mißler-Behr, M. (2013). Key determinants of the successful adoption of new product development methods. *European Journal of Innovation Management, 16*(3), 301–316.

Graner, M., & Mißler-Behr, M. (2014). Method application in new product development and the impact on cross-functional collaboration and new product success. *International Journal of Innovation Management*, 18(1), 1450002-1 -1450002-25.

Graner, M., & Mißler-Behr, M. (2015). Method application in new product development and the impact on product success. *International Journal of Innovation and Technology Management*.

Janhager, J., Persson, S., & Warell, A. (2002). Survey on product development methods, design competencies, and communication in Swedish industry. In I. Horváth, P. Li, & J. S. M. Vergeest (Hrsg.), *Tools and methods of competitive engineering* (S. 189–199). (Fourth international symposium, April 22–26, 2002, Wuhan, P. R. China). Wuhan: Huazhong University of Science and Technolohy Press.

Kleinschmidt, E. J., Brentani, U. de, & Salomo, S. (2007). Performance of global new product development programs: A resource based view. *Journal of Product Innovation Management, 24*(5), 419–441.

Nijssen, E. J., & Frambach, R. T. (2000). Determinants of the adoption of new product development tools by industrial firms. *Industrial Marketing Management, 29*(2), 121–131.

Nijssen, E. J., Biemanns, W. G., & Kort, J. F. de (2002). Involving purchasing in new product development. *R&D Management, 32*(4), 281–289.

Swink, M., & Song, X. M. (2007). Effects of marketing-manufacturing integration on new product development time and competitive advantage. *Journal of Operations Management, 25*(1), 203–217.

Yang, C.-C., Jou, Y.-T., Yeh, T.-M., & Chen, S.-H. (2006). An analysis of the utilization and effectiveness of NPD tools and techniques. Bangkok: Proceedings of the 7th Asia Pacific Industrial Engineering and Management Systems Conference 2006.

Yeh, T.-M., Pai, F.-Y., & Yang, C.-C. (2010). Performance improvement in new product development with effective tools and techniques adoption for high-tech industries. *Quality & Quantity, 44*(1), 131–152.